MÉVOLHON,

EX-CONSTITUANT DE 1789,

EX-VENDÉMIARISTE,

A FRÉRON,

EX-ORATEUR DU PEUPLE, EX-CONVEN-TIONNEL, EX-PROCONSUL.

Rara temporum felicitate, ubi sentire quae velis, et quae sentias dicere licet. Lib. 1, Tacit. Hist.

A PARIS,

De l'Imprimerie de la Rue des Petits-Augustins, N°. 33.

A Paris, le   thermidor, an 4.

LES éloges que vous me donnez dans le volumineux écrit qui vient de paraître sous votre nom , exigent de ma part quelque reconnaissance; les détails que je vais donner m'acquitteront , j'espère , envers vous.

Je n'ai pas la fierté de ceux qui disent : *Fréron m'accuse* ; eh bien , je suis justifié. Fréron a toujours été, et sera toujours pour moi une autorité respectable ; sa conduite politique depuis le commencement de la révolution , ses deux missions dans le Midi , ses écrits avant et après le 9 thermidor , sa jeunesse dorée et ses colonnes de vendémiaire , ne peuvent le présenter aux yeux d'un homme impartial , que comme un *ré- volutionnaire vertueux , marchant tou- jours sur la même ligne , préchant à quel- ques époques, la modération, la justice et l'humanité , et les mettant en pratique dans d'autres.* Il n'y a que des royalistes , des compagnons du Soleil et de Jésus , qui puissent le prendre pour un factieux inquiet, un éternel agitateur , un mercenaire écrivain , dont les lèvres ne distillent que le fiel , et qui souille tout par *sa bave impure.*

Fréron se plaint, il est vrai, de ce qu'aucun *des départements de la République, de ce que la Convention nationale elle-même , devenue corps électoral , n'ont pas daigné le choisir pour la législature actuelle!* Que conclure de cette honorable ingratitude? La prendre pour la preuve d'un mépris général , et se croire dispensé d'entrer en lice avec un homme qui en est l'objet ? Non , cette manière d'argumenter serait beaucoup trop commode pour ces grands coupables qui forment la *faction du Midi*; je ne veux pas m'en servir : Qu'un autre dise : Si Fréron m'avait cru un partisan de l'anarchie et du crime, il ne m'aurait pas mis dans la faction des *Durand-Maillane, des Siméon , des Isnard,* il aurait réservé mon nom pour ces tablettes chéries , où sont inscrits , avec du sang , tous ces fougueux méridionaux appellés à Paris pour y prendre l'ordre du meurtre ; j'aime mieux entrer dans une véritable explication.

Citoyen Fréron , vous avez pris la plume, *non pour servir un ressentiment particulier , motif qui n'a jamais approché de votre ame , mais pour venger la nature , la patrie et l'humanité !* ...Cette noble entreprise est bien digne de votre cœur magnanime ; mais que d'ennemis elle va vous faire ! Déja des *coquins , des sycophantes,* publient que vous n'êtes que fiel et imposture ; que l'assassin de plusieurs milliers de citoyens ne saurait être le vengeur de la nature et de l'humanité , qu'un infame proconsul qui vient d'aiguiser les poignards de la guerre civile à Marseille , qui a porté le fer et le feu dans nos plus belles provinces , ne peut , sans blasphême, prononcer le mot de patrie ; il faut que ceux qui vous ont vu , qui vous ont entendu, élèvent la voix , et disent ce qu'ils savent. L'histoire recueillera , pésera et les plaintes des malheureux que vous fites , et les

accents de louange de ceux qui éprou-
vèrent vos bienfaits. Puisse l'hommage
que je vais rendre à la vérité, contribuer
à vous faire connaître !

Parmi les notes dont vous m'avez gra-
tifié, les unes vous appartiennent et sont
tirées du livre de votre premier proconsulat, les autres vous ont été fournies
par un jeune homme reconnu *faussaire et
délateur* à gages (1), par un nommé *Breissand* (2), qui, après avoir secondé tous les
excès révolutionnaires de trois proconsuls
et de son père, prétend venger la mémoire de ce dernier dans un emphatique
libelle, et n'ose porter ses plaintes au
pied des tribunaux où toute ma commune

---

(1) Voyez les pièces n°. 3 et 4.

(2) Ce Breissand a accompagné Fréron dans ses
dernières expéditions ; il était, le 18 floréal, à
Digne, auprès de l'ex-conventionnel d'Herbès,
commissaire du pouvoir exécutif, pour donner l'impulsion à un mouvement insurrectionnel ; il est aujourd'hui à Paris, et Fréron sollicite pour lui le
commandement d'un bataillon.

l'appelle depuis long-temps. Pourquoi se cache-t-il ? Pourquoi ne peut-on connaître ni son domicile, ni le nom de son imprimeur ? Il sait qu'une plainte est portée contre lui au juge-de-paix de Sisteron et au Directeur du Jury du département des Basses-Alpes ? Craint-il que le rouleau de ses infamies et de sa turpitude ne soit enfin déployé en entier ? Lorsqu'il aura sur le front le mot *calomniateur*, ne sera-t-il pas plus digne de votre protection ? Puisque vous vous êtes chargé de donner l'extrait du mémoire d'un pareil homme, pourquoi ne rapportez-vous pas la singulière invitation qu'il vous fait de *travailler* le département des Basses-Alpes, comme vous avez travaillé celui des Bouches-du-Rhône ; de donner la chasse aux élus du peuple, et *aux honnêtes gens* ? Pourquoi passer sous silence ces listes de proscription dont il a si bien l'habitude ? Pourquoi aussi ne pas transcrire le commencement et la fin de sa pétition ? Il dit formellement que vous lui avez *commandé* ses mensonges ;

et qu'il en attend la récompense. L'indis-
cret ! comme si vous aviez pu acheter d'un
faussaire les matériaux de votre précieuse
histoire !

Voyons cependant ce que vous dites,
d'après une autorité si recommandable.

« Mévolhon ex - constituant de 1789,
» ancien Receveur du district, fougueux
» vendémiariste de la section Fontaine de
» Grenelle, *mis en jugement* et acquitté
» depuis, s'était chargé de royaliser son
» département, et c'était par ses ordres et
» d'après ses listes de proscription adres-
» sées *aux hommes de son pays* (1),
» qu'on y incarcérait et assassinait les
» patriotes. »
Tel est le passage qui me concerne ; vous

---

(1) Voyez la pièce n.º 7. On concluera que les
hommes de mon parti sont toutes les autorités constituées et toute la commune. Je pourrais dire tout
le département, hors une trentaine de coquins que
Fréron, pour cause, ne veut pas que l'on appelle
brise-scellés, hommes de sang, etc.

'avez eu soin de le faire précéder de l'énumération des évènements arrivés dans mon département, pour faire conclure qu'ils étaient la suite et l'effet de mes ordres.

Je passe sur les qualités : Oui, je fus constituant de 1789 ; membre de cette assemblée qui n'eut ni tyrans, ni proconsuls, et qui, au milieu de la lutte de toutes les passions et de tous les préjugés, sut conserver quelque raison et quelque dignité ; je suis du très-petit nombre de ces infortunés ex-constituants, que le fer de vos proscriptions n'a pas moissonné, et qu'une jalouse fureur n'a pas banni ; mais, si je passe sur les qualités, je dois relever un coupable anachronisme.

Les assassinats vrais ou faux que vous énumérez, et qui ont été commis dans mon département, sont postérieurs au mois de Germinal de l'an trois, et datent de Floréal et Prairial ; je ne vous demande pas de rapporter les ordres que j'ai pu donner pour les faire commettre ; mais comment pouvez-vous les attribuer à *ces ordres que*

*fougueux vendémiariste , chargé de roya-
liser mon département , j'adressais aux
hommes de mon parti ?* Il était réservé à
un historien de votre trempe d'user d'une
critique aussi judicieuse ; je sais bien que
les lois que vous avez faites , que les ar-
rêtés que vous avez pris , ont souvent eu
un effet rétroactif , mais mes ordres n'ont
pas encore ce terrible privilége.

Vous conseillez à ceux qui au catalogue
de vos crimes voudraient ajouter ceux du
2 septembre et du 31 mai , *de tourner sept
fois leur langue avant de vous accuser ,
parceque vous n'étiez pas à Paris* ; et pourquoi ne suivez-vous pas vous-même ce con-
seil à mon égard , vous qui pour mon mal-
heur savez si bien mon itinéraire depuis
trois ans..... Faut-il que je vous le rapelle ?

Le 28 Avril 1793 , vous parcouriez mon
département ; vous demandiez des autels et
des sacrifices pour le dieu Marat ; selon
vous , chaque chaumière recelait un cons-
pirateur ; vous en vouliez sur-tout aux *Girondins , aux constituants de* 1789 , et

vous me proscrivites; je fuïs pour éviter vos sicaires et votre mandat d'arrêt : je vins à la barre de la Convention , donner l'exemple de quelque courage , en dénonçant vos excès et l'abominable doctrine que vous prêchiez à un peuple que vous vouliez égarer ; votre sainte colère contre moi ne s'est plus calmée depuis cette époque. C'était le 16 de Mai : Eh bien ! depuis le 28 Avril 1793 , jusqu'au 10 Frimaire de l'an 3 , je n'ai pas reparu dans mon département ; mon unique soin , pendant cette longue période de malheurs et de crimes , fut de me cacher à Paris.

Le voyage que j'ai fait dans le Midi , en Frimaire , n'a été que de quelques mois , et n'a eu pour but que de revoir une famille dont vous m'aviez éloigné , et d'arracher mon faible patrimoine des mains des brigands que vous aviez ameuté. Parti de Sisteron en Germinal de l'an 3 , je suis à Paris depuis le commencement de Prairial de la même année.

Ne tournez pas votre langue sept fois,

mais convenez que pour imputer une action quelconque à un homme, il faut tout premièrement qu'il soit dans le lieu où se commet l'action ; et, si on la présente comme l'effet d'un ordre donné, il faut, sinon rapporter l'ordre, du-moins faire coïncider l'époque de cet ordre avec celle de l'action : Si vous ne voulez pas être historien, rentrez dans les règles du roman, et dites des choses vraisemblables. Prenez des leçons de ce digne ami *qui s'est distingué par l'oubli généreux des injures passées*, et qui ne parle qu'une fois par jour des injures présentes.

On sait que pour *la piéce* que vous donnez au public, vous avez besoin de vous créer des *royaliseurs et des assassins*; de donner de l'importance à vos travaux, en faisant des événements du Midi un systême combiné ; de désigner quelques personnes dont l'existence vous inquiète, et qui pourraient un jour faire venger, par le glaive de la loi, *la nation, la patrie et l'humanité* outragées. Vous voulez les marquer de votre craie fatale ; mais vos sicaires sont surveillés. Vous voulez affaiblir, détruire leur témoignage.... Mais effacez donc aussi ces traces de sang qui ont marqué chacun de vos pas, déchirez ces lettres féroces que votre *éternel* modèle, dans sa rage homicide, n'aurait pas désavouées ; rétablissez les édifices que vous avez démolis, ne vous contentez pas de pousser hors de la République la moitié des habitants du Midi, déportez-les tous, si vous prétendez étouffer toutes les voix qui s'éleveront contre vous et qui vous demanderont leurs frères, leurs amis et leurs propriétés. Si le gouvernement désavoue vos excès, s'il vous retire sa protection, si à l'anarchie que vous avez revêtue de l'écharpe tricolore, il fait succéder l'ordre par un choix de magistrats dignes de lui, il n'y aura plus *qu'un long cri* de plaintes et d'accusations contre vous ; le présent et le passé se dérouleront en entier, on connaîtra les éléments de cette notoriété publique qui vous accable, et qui présente l'échafaud comme le terme et la récompense de tant d'excès ; chacun dira ce qui lui est personnel, chaque commune racontera ce qu'elle vit, ce qu'elle entendit. Sisteron, Digne, Manosque, Gap, te crient : C'est toi qui vins en 1793, démoraliser nos habitants, leur prêcher le meurtre et le carnage ; c'est toi qui posas les premiers fondements de ces monstrueuses magistratures qui n'étaient chargées que de proscrire. Sisteron sur-tout te demande compte de l'affreux privilége que, dans le délire de ta puissance illimitée, tu donnas au *vertueux* Breissand, de dénoncer et de supposer des témoins, et de nous imposer par ces billets que des *frères et amis*, armés jusqu'aux dents, nous apportaient dans nos domiciles, au milieu de la nuit, et qui étaient ainsi conçus : *Paye* . . . . *ou* . . . . des points et une lanterne : et les discours anarchiques, atroces, sanguinaires, qui ont fait tous ces Seïdes subalternes qui ont pillé, torturé, égorgé, au nom de leur Mahomet

(1), qui les tenait?... Qui criait à ce peuple *laborieux et soumis aux lois: Frères et amis, plus de riches, plus de modérés, plus de Feuillants, plus de Girondins. Quittez vos fifres et vos tambourins, ne dansez plus qu'au doux son de la guillotine; c'est le violon des patriotes* (2). *Têtes à bas!...* Et il ose parler, et il parle de venger la nature, la patrie et l'humanité!

Je ne me disculperai pas d'avoir été *acquitté* comme vendémiariste; je dirai seulement que je n'ai pas pu être *acquitté*, puisque je n'ai pas été mis en jugement. Arraché à mon juge naturel, livré aux

___

(1) Fréron avait dans le Midi une véritable secte. Après thermidor même, lorsqu'un coquin était pris, traduit devant les tribunaux, on n'entendait que ces mots: Fréron saura bien le défendre, il n'y a qu'à écrire à Fréron: On dit que cette secte n'est pas encore détruite, et qu'elle a plus d'un grand pontife.

(2) Ce propos était celui d'un acolyte de Fréron dans sa patriotique mission.

interrogats d'un effrené Panthéoniste (1) ;
après une procédure aussi odieuse qu'irré-
gulière, le juri d'accusation, quoique assiégé
par une foule de témoins, gens sans aveu,
ramassés dans la boue des rues, et ameu-
tés par un homme haineux et méchant,
prononça qu'il n'y avait pas lieu à accusation. Nous n'étions cependant pas encore
à cette époque heureuse où des jurés, ne
suivant que l'impulsion de leur conscience,
prononcent hardiment qu'il n'y a pas eu
de conspiration. Parler contre des mesures
qui pouvaient, qui devaient même faire
réélire Fréron, en parler dans une assemblée primaire.... Quelle conspiration!
L'histoire, de son doigt inexorable, mar-
quera les bourreaux et les victimes de
Vendémiaire !

Revenons à votre mémoire. Peu content
de m'avoir appellé exconstituant de 1789,
vendémiariste, vous me désignez comme

____

(1) Baudrais, juge-de-paix de la section de la
Halle-aux-Bleds.

ami

ami intime de Rovère, qui m'avait donné pour secrétaire à Gauthier, dans sa mission des Basses-Alpes ; vous rappellez que je vous avais été dénoncé, en 1793, pour avoir ri de la prise de Verdun, et pour m'être frotté les mains à la mort de Michel Lepelletier, en disant, *Et d'un.*

Comment se fait-il, citoyen commissaire, que *n'aimant pas le gouvernement révolutionnaire*, vous agissiez, vous écriviez comme dans son bon temps ; à la langue que vous parlez, vous croyez qu'il va revenir ; vous vous flattez que votre écrit est ce long rouleau où l'heureux Sylla (1),

______

(1) Fréron, en parlant de la fusillade de Toulon, ne rappelle-t-il pas le discours de Sylla, qui faisait massacrer, dans le cirque, sept mille prisonniers de guerre. *Ne détournez point votre attention, Pères conscripts ; c'est un petit nombre de rebelles qu'on châtie par mon ordre.* C'est une mesure nécessitée par les lois de la guerre ; c'est un amusement, un passe-temps que je donne à une armée triomphante, pour lui ôter l'envie de tout passer au fil de l'épée.

Tu calomnies l'armée ! elle demandait un autre spectacle, une autre récompense que celle de la fusillade de ses frères.

B

avec un stilet, marquait aussi ses victimes, et disait : *Point de motifs, il ne me faut que des noms.*

Rovère a rendu des services, lorsque vous ne comptiez vos instants que par des proscriptions. La haine que lui porte votre secte doit le rendre cher à tous les amis de l'ordre. . . . Mais que conclure de notre liaison ? . . . Je vous entends. . . . Chargé du *royalisme* des Basses-Alpes, je dois être lié avec Rovère chargé en chef du *royalisme* du midi. Sans ces heureux rapprochements, que deviendrait votre marotte de *royalisme* ? Nouveau Don Quichotte, ne vous faut-il pas des moulins à vent pour combattre, vaincre, et demander les honneurs du triomphe ? . . . C'est donc notre royalisme que vous avez étouffé dans le midi ? . . . . ce royalisme qui a accepté la constitution républicaine ? ce royalisme qui réclame l'exécution des lois constitutionnelles, qui dit : Tous nos malheurs viennent de ce que la constitution est violée. . . . Que d'efforts, que de traveux pour abattre un pareil monstre! la France ne sait pas les apprécier, car elle rit de votre jonglerie. Mais l'Afrique, qui se connaît en monstres, va vous décerner la grande récompense. En attendant, relevons vos erreurs. Gauthier était mon ancien collègue, et je le connaissais autant que Rovère. Je n'ai pas été son secrétaire dans mon département; je n'ai pas même été un des commissaires qu'il y envoya, et qui surent y faire le bien. Exilé de mon pays par votre mandat d'arrêt, je profitai de la mission de Gauthier pour y rentrer, pour faire cesser le sequestre ruineux que *vos gens* avaient mis sur mes biens, et pour tirer ma famille des cachots où le *vertueux* Breissand l'avait plongée. Non-seulement Gauthier me rendit justice, mais je dois publier qu'il la rendit à six cents pères de famille persécutés comme moi par la *vertu* de Fréron.

La mission de Gauthier a fini le premier nivôse de l'an 3 ; et non-seulement, vous me faites son secrétaire ; mais, sous la foi de votre faussaire , vous me faites décerner des mandats d'arrêt et donner des ordres de mort en floréal et en prairial, sept mois après. Vous qui connoissez si bien l'histoire et les prérogatives du proconsulat, comment admettez-vous que des secrétaires lançaient des mandats d'arrêt, et prolongeaient leur mission à volonté ? Je croyais qu'il n'y avait que des représentants qui se fussent arrogé ce droit.... Mais aucun de ces nombreux mandats d'arrêt que j'ai signés ne paraît. Est-ce sur votre parole ou sur celle de Breissand qu'il faut croire à leur existence ? Pour qui êtes-vous donc des autorités ?

Je vous ai été dénoncé pour avoir ri , pour m'être frotté les mains, et pour avoir dit *Et d'un*. Quels forfaits (1) ! Il fallait, pour cela , me proscrire , m'incarcérer, incarcérer ma famille ! et vous vous en

____

(1) Celui qui , jeune encore , a passé par toutes les magistratures que le peuple donne , pourrait s'enorgueillir d'en être sorti sans avoir fourni d'autre matière à dénonciation.

vantez l'an 4.e ! Ce trait ne sera pas perdu pour l'histoire du proconsulat ; il servira aussi à donner une idée de cette philantropie qui vous consume. . . . . Mais je ris presque toujours, ce que ne font pas les sombres Catilina, les hommes dangereux et les farouches disciples de votre *divin* maître. Mais dans ce moment même, quoique indigné de votre impudence, je ris, parce que mon imagination, écartant bientôt une image révoltante, celle d'un homme qui en fait brûler un autre pour avoir ri, me représente Fréron, sur une place publique, fixé à un poteau élevé, avec un large collier de fer ; un homme passe, rit, se frotte les mains, et dit *Et d'un* : si j'étais dépositaire d'un grand pouvoir, condamnerais-je le rieur aux mines ou aux bêtes ? non ; je rirais avec lui. Il n'y a pas là parité, dites-vous, et c'est un blasphême ; aussi n'est-ce pas là ma réponse sérieuse : la voici.

J'ai déposé au greffe des directeurs du juri près le tribunal criminel de la Seine, canton de Paris , je vous dirai un jour pourquoi , l'extrait de la procédure et du jugement intervenu précisément à l'occasien des faits dont vous parlez. Si vous vouliez lire ce jugement, je vous prierais de vous arrêter sur l'article qui condamne à six mois de prison et à de forts dommages , que je n'ai pas voulus , votre *vertueux* Breissand , *pour avoir malicieusement , et dans l'intention de nuire , fabriqué ladite dénonciation déclarée fausse et calomnieuse , et pour avoir à cet effet suborné des témoins.* Est-ce là une piéce qui puisse contrebalancer le libelle du digne fils du vertueux Breissand? Comment se fait-il que cet intéressant jeune-homme ne vous ait pas même parlé de ce jugement? qu'il ne vous en ait proposé ni la cassation ni la nullité ? . Vous lui étiez propice , et vous aviez des pouvoirs illimités! Ce silence peut recevoir bien des interprétations..... On pourra dire celui qui traduit son dénonciateur devant les tribunaux , qui n'invoque que la vengeance des lois , ne donne ni le signal ni l'ordre d'une voie de fait , il la condamne.

Si vous persistez à *vouloir buriner l'histoire* , et à mettre mon nom dans cette épouvantable carte que vous tracez , ne vous contentez pas de lire la procédure que je viens de vous indiquer , transportez-vous aux bureaux du ministre de la police , demandez le dossier concernant ce Breissand fils , et lisez les piéces que j'ai fournies contre lui ; arrêtez-vous aux numéros 3 et 4. Le premier imprime le cachet de faussaire , et le second , celui de vil délateur à cet homme qui , à vingt-trois ans , a déja fourni la carrière du crime où vous l'avez lancé. Il est bien digne d'avoir coopéré à ce trop fameux recueil qui , par sa contexture et son titre , n'a eu d'autre but que d'offrir une espèce de compensation entre les effets de quelques vengeances particulières et les crimes innombrables dont *les hommes d'un parti qui n'est pas le mien* , ont couvert la France. Mais la justice se chargera enfin de remplir le plateau de la balance opposé à celui où les massacres de septembre , de Lyon et de Toulon attendent un contre-poids. La justice est boiteuse , vous l'avez rappellé ; mais elle arrivera : c'est le seul espoir qui doit soutenir l'honnête homme , l'homme paisible , dans cette lutte que l'habitude du crime et de l'imposture rendent depuis long-temps si inégale.

Après l'acceptation la plus franche d'une Constitution républicaine , *criez au royalisme* ! Noûs ne devons plus vous répondre que par une soumission entière aux loix de la République ; vous voudriez bien que l'on soufflât encore sur le brandon de guerre civile que vous tenez en main.... *Vous êtes prêt à sonner la charge , pour peu que la faction ose attaquer la République.* On sait ce que ces mots signifient... *Vos colonnes* seront désormais inutiles ; *Vos longs cris ne trouveront plus d'échos,* vos canons ne gronderont plus... Le Gouvernement ouvre les yeux... Le Midi , objet des coupables espérances de tous les agitateurs , sera observé ; la lave , les scories, dont volcan révolutionnaire , vous avez encombré notre sol et notre législation, seront balayées, tous les vils instruments du plus affreux despotisme seront brisés.... Vous ne serez plus rien.... Le pays qui m'a alors vu naître respirera, en attendant que *la nature , la patrie et l'humanité soient vengées.*

N.º I.

Nous membres composant l'administration municipale du canton de Sisteron, certifions et attestons que le citoyen Jean-Antoine - Pierre Mévolhon, natif de cette commune, était receveur de la ci-devant viguerie de Sisteron avant la révolution, qu'il a été député à l'assemblée constituante, receveur du district de Sisteron jusqu'au mois d'avril 1793 , qu'à cette époque, il a quitté cette commune pour aller résider à Paris , et qu'il a déclaré qu'il y fixait son domicile. En foi de quoi nous avons fait et signé le présent , pour servir et valoir ce que de raison. Fait à Sisteron , dans la maison commune , le 12 germinal an 4 de la république française une et indivisible. Signé à l'original, Bane, président; Amê, Lalaune, Nevière, Roman, Pellegrin , commissaires.

N.º I I.

L'administration municipale du canton de Sisteron , département des Basses-Alpes , au citoyen J. B. Louvet , représentant du peuple , rédacteur de la Sentinelle.

Sisteron , 12 pluviôse an 4.

Nous avons été étrangement surpris de lire dans votre numéro 210, le paragraphe suivant :

Mévolhon, constituant et chef des contre-révolutionnaires de vendémiaire à Sisteron, avait été dénoncé au ministre de la Police. Aujourd'hui il est arrêté et traduit devant le juge-de-paix de la section de la Halle-aux-Bleds. Déja huit personnes se présentent et déposent contre lui.

Il n'y a jamais eu de contre-révolution à Sisteron, et notamment en vendémiaire, ni par conséquent aucun chef ; et ce qui prouve parfaitement la fausseté de ce que vous avancez, c'est que Mévolhon, que vous dites être le chef de cette prétendue contre-révolution, est absent de cette commune depuis le mois de *germinal dernier, et que depuis cette époque il n'y a pas paru.* Il nous importe donc, ainsi qu'à tous les citoyens de cette commune, de faire connaître à toute la République, que la commune de Sisteron a été et sera toujours soumise aux loix de la République, et que la Constitution ainsi que les décrets *des 5 et 13 fructidor y ont été acceptés à l'unanimité.* Signé à l'original ; Bane, président ; Roman, Neviere, officiers-municipaux ; Pellegrin, commissaire national.

N.º I I I.

Lettre du citoyen Breissand fils , dont l'original est déposé dans les bureaux de la police.

Après avoir remué ciel et terre , fait jouer tous les petits ressorts de l'intrigue de ce pays, employé tout ce que j'ai d'amis et de protecteurs , et fait usage même des moyens qui auraient peut-être répugné à des consciences beaucoup trop délicates, me voilà enfin maréchal-des-logis. Il faut l'avouer , la loi m'était absolument défavorable ; d'abord , je ne suis pas majeur , et je n'ai pas fait un congé de huit ans comme sergent ou officier employé dans les troupes de ligne , il a donc fallu , je ne crains pas d'avouer ma turpitude, il a fallu commettre *deux faux ,* pas plus que cela , faux pour le baptistaire , faux pour la régularité de la cartouche. J'ai *gratté et supposé ,* il le fallait absolument , etc. etc. Signé à l'original ; Breissand fils.

N°. I V.

Liste des citoyens suspects à présenter aux citoyens commissaires délégués par les représentants du peuple dans les départements méridionaux.

Burle, ex-constituant.
Latil, ex-constituant.
Mévolhon, ex-constituant.
Gaspard Méyolhon.
Bernard Méyolhon.
Maguire, beau-frère de Mévolhon (1).
Et quarante-deux autres citoyens.

Nous certifions que la liste ci-dessus est faite avec justice, et pleine connaissance d'incivisme contre ceux qu'elle contient.

Signé à l'original, BREISSAND fils.

Nous Commissaires nationaux, en vertu des pouvoirs à nous donnés par les représentants du peuple envoyés dans les départements méridionaux, requérons le chef de la force armée, de mettre en état d'arrestation les citoyens ci-dessus, et les

______

(1) C'était un jeune homme de dix-huit ans, proscrit par cela seul qu'il était mon beau-frère, et on ne craint pas d'énoncer un pareil motif !

conduire au Fort. Signé à l'original ,
ASTOIN , ALLIÉ , GONTIER.

Nota. L'arrestation eut lieu contre plusieurs ; ils ont été enfermés treize mois dans une prison du Fort , exposés à tous les outrages et à toutes les vexations des *patriotes.* De ces trois commissaires revêtus des pleins pouvoirs de *Fréron* , deux ont péri , dit-on , sur l'échafaud comme *malfaiteurs.*

N.º V.

Autre lettre de Breissand fils , du 27 Brumaire an 3 , à un des siens.

Serrez-vous toujours avec vos amis , qu'ils ne s'isolent pas comme ils l'ont toujours fait dans les fâcheuses circonstances , c'est le seul moyen de pouvoir résister à l'orage.... Espérons que ceci ne durera pas.....

N.º VI.

Lettre de Fritilaire Robert , Accusateur public , (un des amis avec lesquels il fallait se serrer) aux citoyens composant le comité de surveillance de Forcalquier.

Digne , 20 Mess.dor.

Enfin il est arrêté que les contre-révolutionnaires des Basses-Alpes recevront la peine que méritent leurs forfaits. *Le représentant du peuple* a arrêté que ces messieurs seraient de la compétence de la commission populaire, séante à Orange, et bientôt un ordre de route sera expédié à tous ces scélérats.

Vous trouverez sous ce pli quelques-uns des jugements que cette commission véritablement révolutionnaire, a rendus, et qu'un de mes amis, membre de cette commission, m'a fait passer ; je vous invite à les faire afficher, et à les communiquer à tous les bons patriotes.

Union parmi nous, oubli de toute haine particulière, et tous les j... f..... périront, et le triomphe de la république est assuré. Signé Robert.

N.° V I I.

Qu'il me soit permis d'opposer à l'opinion que M. Fréron veut donner de moi, celle de tous mes concitoyens.

Certificat des autorités constituées de Sisteron.

Nous attestons que les opinions politiques

du citoyen Mévolhon , dans les diverses époques de la révolution , ont toujours été celles d'un révolutionnaire , qui n'a cessé de recommander le respect des personnes et des propriétés ; et que si dans ces derniers temps il a été en butte à la haine , à la vengeance , à la persécution , c'est pour avoir montré de la fermeté et du caractère , et avoir osé attaquer ouvertement les escrocs , les fripons et les intrigants qui s'étaient emparés des places dans cette commune , et avoir manifesté sa haine pour l'anarchie et les tyrans de toute espèce ; la profession authentique de ses principes républicains lui a attiré , sous le règne affreux de Robespierre , une honorable proscription , etc. etc. . . .

Je finis , pour ne plus parler de moi et de Fréron , sur lequel la commune de Sisteron pourra revenir.

F I N.

9 782019 964832